# Libro di terapia di autoaiuto per coppie sulle relazioni che necessitano di lavoro

Migliorare la comunicazione, l'amore, il divertimento e l'autostima per coppie sposate o non sposate
Di Brian Mahoney

## Indice dei contenuti

**Introduzione**

**Capitolo 1 Perché le relazioni vanno male**

**Capitolo 2 Fondamenti di comunicazione: come ascoltare e parlare in modo autentico**

**Capitolo 3 Ripristinare l'intimità emotiva**

**Capitolo 4 L'autostima essenziale per una Relazione sana**

**Capitolo 5 Gestire i conflitti in modo sano**

**Capitolo 6 Riaccendere il romanticismo e il divertimento**

**Capitolo 7 Passi verso la guarigione con il perdono e il rispetto per se stessi**

**Capitolo 8 Affrontare insieme lo stress esterno**

**Capitolo 9 Definizione di obiettivi e visioni condivise**

**Capitolo 10 Come mantenere i progressi e crescere insieme**

**Conclusione**

**Risorse**
**Glossario dei termini**

## Dichiarazione di non responsabilità

Questo libro è stato concepito per fornire informazioni, indicazioni e strumenti alle coppie che considerano il perdono come parte del loro percorso di coppia. Non intende sostituire una consulenza professionale, una terapia o un consiglio medico. Gli autori e gli editori non sono terapeuti, consulenti o medici abilitati e le strategie qui descritte si basano su ricerche e intuizioni generali piuttosto che su diagnosi o trattamenti individuali.

I consigli, gli esercizi e i suggerimenti presentati in questo libro devono essere utilizzati a discrezione del lettore e sono intesi come supporto, non come sostituzione, di una guida professionale. I lettori sono invitati a consultare un professionista della salute mentale o un consulente se stanno vivendo un disagio significativo, un trauma o sfide relazionali complesse.

Gli autori e gli editori non si assumono alcuna responsabilità per eventuali perdite o danni subiti dai lettori in seguito all'applicazione delle informazioni contenute in questo libro. I lettori sono responsabili di prendere decisioni adeguate alla loro situazione personale e alle loro esigenze relazionali.

# Introduzione

Le relazioni. Sono il nucleo della nostra vita. Sono il luogo in cui sperimentiamo la gioia, il conforto e le sfide, a volte. Indipendentemente dal fatto che siate impegnati da decenni o da poco, o che vi troviate nel labirinto degli alti e bassi, probabilmente sapete che le relazioni non sono mai semplici. Questo libro si propone di aiutarvi a ripristinare, recuperare e **rivitalizzare** le vostre relazioni con una serie di strumenti pratici e di intuizioni per rafforzare il vostro legame a tutti i costi.

Ci sono momenti in cui tutto è un po' fuori posto, e le coppie attraversano queste fasi. Con tutti i modi in cui la vita può intralciare - lavoro, obblighi familiari, oneri finanziari e ostacoli personali - gli strati di stress che complicano la vostra unione possono essere numerosi. Potreste bisticciare spesso tra di voi, sentirvi scollegati o chiedervi dove sia finita la magia. Potreste sentirvi bloccati e confusi su come andare avanti. Queste difficoltà, che possono manifestarsi a tutti i livelli dell'intimità, non sono necessariamente la fine di una relazione, ma forse sono solo un segno che c'è bisogno di una messa a punto piuttosto che di un'intera revisione.

Questo libro vuole essere una guida e un compagno per le coppie che sono insoddisfatte della loro relazione, ma che sono ancora relativamente felici insieme. Non è una missione per salvare ciò che è rotto in modo irreparabile. Si tratta di ritrovare l'amore, la gioia e il rispetto reciproco che vi hanno attratto fin dall'inizio.
È rivolto a coppie sposate e non sposate che desiderano migliorare la comunicazione, ristabilire l'intimità emotiva e rafforzare le fondamenta della loro unione.

In queste pagine, ogni capitolo presenta esercizi, consigli pratici e una o due riflessioni su un diverso aspetto delle relazioni: comunicazione, autostima, vicinanza emotiva, conflitti e altro ancora. I capitoli sono pensati per affrontare componenti specifiche della vostra relazione, come l'ascolto o la comunicazione, per aiutarvi a riportare l'amore e la gioia. Ci occuperemo anche dell'autostima, perché una relazione sana inizia con due persone che si sentono degne di rispetto e libere dalla vergogna.

Come ogni altra cosa nella vita, le relazioni richiedono cura, manutenzione, amore, pazienza e apertura all'evoluzione. Seguendo i consigli di questo libro, sarete in grado di scoprire i segreti di un'unione fiorente e di superare i momenti difficili, aumentando l'intimità anche quando la vita sembra averla seppellita sotto le numerose sfide della vita.

Sia che siate arrivati qui dopo un litigio tra voi due, sia che abbiate capito di sentirvi scollegati l'uno dall'altro, sia che abbiate semplicemente la speranza di un futuro migliore insieme, vi state già muovendo nella direzione di un futuro migliore insieme. Con la giusta mentalità e la volontà di dare una possibilità a nuove idee, voi e il vostro partner potete passare dall'esasperazione e dalla delusione a un amore più forte, a un legame migliore e alla realizzazione della relazione.

Iniziamo un nuovo viaggio, per una relazione più sana, più felice e più resistente.

# Capitolo 1
# Perché le relazioni vanno male

È tempo di saperne di più sulle insidie comuni che le coppie devono affrontare. Le sfide alle relazioni di coppia derivano da una cattiva comunicazione, da aspettative non soddisfatte e da fattori di stress in diverse aree della vita.

Sono molte le ragioni per cui le relazioni incontrano problemi e comprenderle può spesso essere il primo passo per risolverle. Vediamo alcune delle cause più rilevanti dei problemi relazionali:

**Errori di comunicazione:**

Le interpretazioni errate spesso derivano da una comunicazione inefficace, che comprende l'espressione di emozioni non chiare, la formulazione di ipotesi o il mancato ascolto. Questo favorisce il risentimento e la frustrazione, causando sempre gli stessi litigi e nessuna soluzione.

**Aspettative non soddisfatte**
Le aspettative non soddisfatte possono scatenare il caos in una relazione insieme ai dubbi. Nelle relazioni portiamo con noi idee preconcette basate sulle nostre esperienze precedenti, su come i nostri genitori si sono comportati nella loro vita o su come le coppie vengono ritratte in televisione. Aspettative non soddisfatte sui ruoli finanziari e di intimità.

**Ecco altri problemi tra i partner che portano a delusioni e risentimenti quando i partner non si parlano:**

**Fattori di stress personali**: Lo stress personale dovuto al lavoro, alla famiglia, a problemi di salute e a questioni finanziarie può influire sulla relazione. Quando si è stressati, si tende a essere impazienti, arrabbiati e a non avere più forza per il proprio partner, il che crea attriti e incomprensioni.

**Espressione dissimile delle emozioni:** Ognuno ha il proprio modo di comunicare i propri sentimenti, desideri e lamentele. Una coppia che comunica direttamente e uno dei due partner evita il disaccordo o comunica indirettamente può dare luogo a malintesi o a sentimenti di rifiuto.

**Assenza di intimità emotiva:** Lavorare sull'intimità emotiva è la chiave di ogni relazione forte, tuttavia, a causa delle sfide quotidiane, degli orari e dell'ansia, a volte entrambi i partner dedicano poco tempo e poco impegno alla costruzione di questa intimità. È importante continuare a condividere ed esprimere pensieri, emozioni e ciò che affrontiamo, altrimenti uno dei due partner potrebbe sentirsi solo, abbandonato.

**Valori e obiettivi diversi:** Come persone, abbiamo obiettivi e valori che cambiano, e quando i partner si allontanano senza comunicare, questo può portare alla disconnessione. I disaccordi sulle scelte di vita, sulle ambizioni di carriera o sulle priorità familiari possono causare tensioni se non vengono affrontati tempestivamente.

**Insicurezza e scarsa autostima:** L'incertezza che il vostro partner vi lasci o vi lasci per qualcuno "migliore", insieme alle insicurezze personali e ai dubbi su di sé, possono scatenare gelosia e/o possessività. E queste insicurezze non soddisfatte possono portare a comportamenti e convinzioni di dipendenza o tossici, che possono aggiungere molta pressione alla coppia.

**Trascurare di trascorrere del tempo di qualità insieme:** Soprattutto nelle relazioni di lunga durata, i partner tendono a sentirsi a proprio agio, pensando che la relazione non richieda lo stesso livello di attenzione di prima. La crescente mancanza di connessione e di affetto può logorare e rompere le fondamenta della relazione.

Questioni irrisolte o traumi del passato possono influenzare la capacità di essere aperti e vulnerabili in una relazione. Se non si affrontano questi aspetti del passato, la ferita del passato può dettare ciò che accade nel presente e quindi la storia si ripete con il vecchio modello di comportamento di lotta o di ritiro.

**Influenza esterna:** Le aspettative della famiglia, degli amici o della società possono essere stressanti per la relazione. Le coppie possono sentirsi costrette a conformarsi a determinati ruoli o tappe (come il matrimonio o i figli) che non sono in linea con i loro desideri personali, creando inutili tensioni.

**Non fare un investimento in felicità:** Con questi investimenti le coppie possono legarsi attraverso interessi comuni e creare bei ricordi che sono uno strumento per rafforzare la relazione di coppia.

Comprendere e affrontare queste sfide richiede una comunicazione aperta, pazienza e la volontà di crescere insieme. Le relazioni hanno bisogno di attenzione, riflessione e cura regolari per prosperare, soprattutto quando si affrontano momenti difficili.

**Considerate il concetto che una relazione ha delle stagioni e che i periodi di difficoltà possono essere naturali ma gestibili.**

La natura è ciclica, così come lo sono le stagioni delle relazioni: stagioni distinte con sfide e ricompense intrinseche. Queste fasi evidenziano i passaggi di abbondanza, sicurezza, trasformazione e anche avversità che tutte le coppie affrontano nel corso di una relazione. Per le coppie che cercano di navigare tra alti e bassi, afferrare questo concetto può essere uno strumento potente.

**Le stagioni di una relazione**

**Primavera:** La fase dell'infanzia, la fase della scoperta, dell'eccitazione, del legame. È un periodo di sviluppo e di legame tra i partner. La primavera è piena di nuove esperienze e della freschezza della scoperta.

**Estate:** Calore e sicurezza, la relazione è stabile e piacevole. C'è un maggior grado di fiducia, una maggiore comunicazione e i partner sono di solito più in sintonia l'uno con l'altro. In questo periodo le coppie apprezzano il comfort e la sicurezza della comprensione e dell'apprezzamento reciproci.

**Autunno:** Autunno, il periodo dell'anno in cui è necessario accogliere i cambiamenti. In questa fase possono iniziare a comparire alcune sfide, quando le coppie si trovano ad affrontare dissimmetrie, sviluppi personali o cambiamenti di orientamento. Se da un lato l'autunno può portare shock inaspettati, dall'altro può aiutare i partner a riallinearsi e a ricominciare.

**Inverno:** Una stagione impegnativa in cui il conflitto può sembrare più palpabile e il legame può sentirsi teso. L'inverno può essere solitario o difficile, poiché le coppie incontrano sfide che mettono alla prova la loro pazienza e perseveranza. Tuttavia, questa fase può anche alimentare la forza e fornire un'opportunità di riflessione, recupero e sviluppo.

### Abbracciare le stagioni

Ogni relazione vive periodi difficili o "inverni". Per quanto questi periodi possano essere spiacevoli, tuttavia, non significa automaticamente che ci sia qualcosa di sbagliato nella relazione stessa. Segnalano un periodo durante il quale la coppia può avere bisogno di riadattarsi, di comunicare più profondamente e di sforzarsi di crescere, e di trovare altri modi per sostenersi a vicenda. Con la consapevolezza che le stagioni difficili non durano per sempre, le coppie possono attraversare questi momenti con gentilezza e grazia.

### Modi per gestire le stagioni difficili

**Comunicazione:** Un dialogo onesto e aperto è fondamentale. L'apertura sui sentimenti e l'ascolto attivo consentono di evitare i malintesi e favoriscono l'empatia anziché la rabbia.

**Siate adattabili:** Con le stagioni cambiano anche le persone. La relazione può essere rafforzata dando all'altro lo spazio per crescere come individuo.

**Impegno:** Gli inverni mettono alla prova l'impegno, e superare queste stagioni insieme può creare fiducia e resilienza che sostengono profondamente la relazione.

**Chiedere aiuto:** È normale avere bisogno di sostegno durante le stagioni difficili, sia che si tratti di familiari, amici o professionisti.

Identificate le stagioni che si presentano e rendetevi conto che sono una parte naturale del processo di relazione. Attraversate l'esperienza insieme creando legami e costruendo la fiducia necessaria per resistere anche all'inverno più freddo. La speranza è quando capiamo che inevitabilmente ci sarà una primavera.

Le sfide non vengono per restare, ma per passare.

# Capitolo 2
# Fondamenti di comunicazione
# Come ascoltare e parlare in modo autentico

Esploriamo i fondamenti di una sana comunicazione di coppia: ascolto attivo, empatia, dialogo costruttivo...

Questi principi fondamentali possono aiutare a costruire un legame e a comunicare con comprensione. Possono aiutare ciascun partner a progredire verso i passi che gettano le basi di una relazione sana. Approfondiamo le abilità vitali dell'ascolto attivo, dell'empatia e della discussione produttiva:

**Ascolto attivo**

Attenzione concentrata: Si presta attenzione quando il partner parla senza distrazioni o interruzioni. In questo modo si ha la sensazione che ciò che sta dicendo sia importante per voi. Ciò significa mettere da parte i dispositivi, stabilire un contatto visivo, impegnarsi in una conversazione basata su ciò che sta dicendo.

**Ascolto riflessivo:** Riportate al vostro interlocutore ciò che ha detto. Dire cose come "Quello che ho sentito dire è..." o "Mi sembra che..." può segnalare che state ascoltando e che capite la loro versione.

**Non interrompere:**

Non interrompete anche quando pensate di doverlo fare. Lasciare all'interlocutore il tempo di finire gli dà il rispetto di ascoltare la sua voce e può aiutarlo a districarsi tra sentimenti e idee difficili.

**L'empatia**

**Provate a mettervi nei panni dell'altro:**

Empatia significa mettersi nei panni del partner. Cercate di non farvi condizionare da voi. Ci vuole uno sforzo emotivo per mettersi nei loro panni e confermare i loro sentimenti.

**Fornire supporto emotivo:**

Dare parole o azioni che aiutino a esprimere e convalidare i loro sentimenti. Frasi come "Posso capire perché ti senti così" o "Sembra difficile" dimostrano non solo che stai ascoltando, ma anche che sei in sintonia con la loro esperienza.

**Nessun giudizio:**

Cercate di non trarre conclusioni affrettate o dare consigli **<u>non richiesti</u>**. L'empatia consiste nel non essere giudicanti e nel fornire al partner uno spazio in cui si senta sufficientemente sicuro per esprimersi.

### Dialogo costruttivo

Usare le affermazioni "io": per non dare l'impressione di colpevolizzare l'interlocutore, descrivete i vostri sentimenti con affermazioni "io". Quindi, invece di dire: "Non mi ascolti mai", sostituitelo con: "Mi sento non ascoltato quando...". Questo aiuta anche a ridurre le reazioni difensive.

L'obiettivo è un approccio basato sulla soluzione. Invece di incolpare l'altro ogni volta che sorge un conflitto, cercate di trovare una via di mezzo o una soluzione che onori i desideri di entrambi i partner. Cercate di trovare una via di mezzo o una soluzione che soddisfi i desideri di entrambi i partner.

### Mantenere la calma e la cortesia

Potete essere in disaccordo con l'altra parte, ma mantenete un tono calmo ed evitate parole incendiarie o insulti. In questo modo si crea una base di rispetto per una comunicazione aperta e onesta.

### Esercitare queste abilità quotidianamente

Ci vuole tempo per sviluppare queste abitudini comunicative, ma con la costanza dell'ascolto attivo, dell'empatia e del dialogo costruttivo, si crea una relazione più resistente. Con un atteggiamento gentile e premuroso, si può instaurare una fiducia che facilita la nascita di scambi sani, trasparenti e soddisfacenti.

**Esercizi per migliorare la capacità di ascolto:**

**Ascoltare rispecchiandosi**

**Istruzioni:** Un partner condivide un pensiero, un sentimento o un'esperienza mentre l'altro ascolta senza interrompere. L'ascoltatore fa da "specchio" ripetendo ciò che ha sentito con parole proprie.

**Intento:** Verificare la comprensione, incoraggiare l'empatia e rafforzare l'ascolto attivo.

**Tecnica dell'oratore-ascoltatore**

Bisogna fare i turni per parlare e ascoltare. Una persona parla per un periodo di tempo prestabilito (ad esempio, due minuti) mentre l'altra ascolta, senza rispondere. Questo avviene quando chi ascolta parafrasa all'oratore ciò che ha sentito una volta che l'oratore ha finito di parlare.

**Intenzione:** Limitandosi ad ascoltare e a non rispondere immediatamente, i partner sperimentano meno reazioni difensive e si concentrano meglio sulle parole dell'**altro**.

**Pratica dell'empatia**

L'ascoltatore nomina una sensazione che l'interlocutore potrebbe aver provato e la convalida ("Posso capire perché ti sei sentito così").

**Intenzione:** cercare di capire prima di rispondere o giudicare.

**Gioco delle domande e dei chiarimenti**

Per ognuno dei due round successivi, un partner condivide un piccolo pensiero o un'esperienza (non deve essere enorme) e l'altro partner risponde solo ponendo domande chiarificatrici, piuttosto che facendo affermazioni. L'obiettivo di ogni domanda deve essere il chiarimento e la comprensione, non la critica.

**Obiettivo:** Consente all'ascoltatore di approfondire la comprensione e non le conclusioni e le reazioni.

**Evitare la comunicazione difensiva: Alcune strategie**

**Pausa durante i disaccordi**

Come si usa: se una discussione sta iniziando a intensificarsi, suggerite un breve timeout (5-10 minuti) per permettere a tutti di calmarsi. Usate questo tempo per fare una pausa, fare un respiro profondo e considerare una linea d'azione produttiva.

Perché funziona: Previene le esplosioni emotive istintive che portano alla difesa.

**Imparare ad autodilatarsi**

Cosa fare: Quando vi sentite sulla difensiva, pensate a una tecnica calmante. Può trattarsi di una respirazione profonda o di contare fino a dieci, oppure di dire a voi stessi che il partner non sta cercando di farvi del male, ma di comunicare.

Effetto: Calmarsi può impedirci di reagire con le reazioni predefinite di lotta o fuga, ma piuttosto di risolvere un disaccordo.

**Concordare una parola sicura**

Come fare: stabilire una parola designata (o una frase come "dovremmo fare una pausa") che uno dei due partner può invocare quando si vede sulla difensiva o se ha bisogno di un momento. Entrambi i partner fanno una pausa e rivalutano la parola o la frase di sicurezza.

Effetto: Previene l'escalation fornendo un modo immediato per interrompere gli scambi potenzialmente difensivi e riorganizzarsi con calma.

Con l'applicazione costante di queste abilità, le coppie possono imparare ad ascoltare più profondamente, a parlare in modo più empatico e a stare meno sulla difensiva, il che contribuirà a rendere la relazione più forte e più sana.

# Capitolo 3
# Ripristino Intimità emotiva

## L'importanza di un legame emotivo

Il legame emotivo è il fulcro di una relazione sana e duratura. Va oltre l'attrazione fisica o gli interessi simili. Lega le coppie l'una all'altra in modo significativo.

Senza un solido legame emotivo costruito a partire da una base relazionale, la maggior parte degli altri legami può sembrare più transazionale e superficiale. Questo fa sì che la relazione abbia meno probabilità di superare la prova del tempo.

### Il fondamento della fiducia e della sicurezza

Con i legami emotivi, i partner si sentono sicuri e protetti per funzionare l'uno con l'altro. Questa sicurezza crea fiducia, essenziale per l'apertura, l'onestà e la vulnerabilità. Sapere che il partner è presente dal punto di vista emotivo significa che ognuno può essere se stesso senza paura di essere giudicato o rifiutato.

### Migliora la comunicazione

È possibile parlare apertamente solo con un legame emotivo che favorisce la fiducia. Questo dà alle persone l'opportunità di esprimere i loro pensieri più profondi, le loro aspirazioni, le loro paure e le fa sentire comprese e apprezzate dal loro partner.

I partner a livello emotivo non si limitano ad ascoltare l'altro, ma prestano attenzione e cura, e questo porta al rispetto e all'apprezzamento reciproco, contribuendo a rafforzarsi!

**Esorta alla forza durante le difficoltà**

Tutte le relazioni hanno le loro sfide, ma quelle con un profondo legame emotivo sono più resistenti alle tempeste che possono sorgere in una relazione. Quando accadono cose che potrebbero danneggiare la relazione - perdite, stress, problemi economici o personali - le coppie legate da un legame emotivo sentono di potersi sostenere a vicenda, di essere unite, di essere in gioco insieme.

**Migliora la vicinanza e la soddisfazione**

L'intimità è quella scintilla che può tenere accesa la fiamma della relazione e deriva dalle connessioni emotive. Colma il divario tra vicinanza fisica ed emotiva, rendendo i momenti di intimità più significativi. Quando i partner si sentono emotivamente vicini, è più probabile che provino una profonda soddisfazione e gioia dalla relazione, rafforzando il loro impegno reciproco.

## Favorisce la crescita e l'autostima

Un legame emotivo sano permette a entrambi i partner di sentirsi apprezzati e apprezzabili, il che è essenziale per far sì che il valore di sé diventi qualcosa di più di un semplice concetto. Quando c'è una convalida individuale delle emozioni, le persone sono motivate a perseguire ciò che vogliono e a essere la persona migliore che possono essere per se stessi e per la relazione.

Fare piccoli passi come esprimere continuamente gratitudine, praticare l'empatia e passare del tempo di qualità insieme aiuta a costruire legami emotivi. Se coltivato, diventa una solida base su cui costruire relazioni durature, permettendo all'amore di approfondirsi e durare nel tempo.

## Strumenti per le coppie per riconnettersi emotivamente e accendere l'intimità emotiva.

Riaccendere l'intimità emotiva in una relazione è un processo continuo che richiede un po' di impegno da entrambe le parti e una comunicazione aperta e continua. Di seguito sono riportati alcuni strumenti e tecniche che le coppie possono utilizzare per riconnettersi emotivamente:

**Controlli giornalieri**

Programmate incontri regolari: Trovate un momento della giornata che vada bene per entrambi per riallacciare i rapporti. Può essere durante la cena, prima di andare a letto o in qualsiasi momento tranquillo che vada bene per entrambi i partner.

**Implementare la struttura:**

Potete scegliere di strutturare i vostri check-in iniziando con:

Com'è andata la giornata? Raccontate alcuni momenti salienti e alcune sfide.

Cosa vi ha fatto sentire amati o rispettati oggi? (Riconoscere i momenti positivi)

C'è qualcosa che posso fare per farla sentire meglio? (Rivolgersi a qualsiasi supporto richiesto)

Cosa possiamo fare per migliorare il domani? (Piano di miglioramento)

**Esprimere apprezzamento**

Diari di gratitudine: Chiedete a ciascun partner di annotare in un diario le cose per cui prova gratitudine nei confronti dell'altro. Potete usare questi diari per iniziare il vostro check-in quotidiano se siete a corto di idee.

**Carte dei complimenti:** Scrivete complimenti e apprezzamenti specifici su una pila di cartoncini. Per alimentare le buone vibrazioni, pescate a turno un biglietto e leggetelo al vostro partner.

**Affermazione quotidiana:** Dite ogni giorno qualcosa che vi piace del vostro partner: qualcosa che ha fatto o una qualità che apprezzate in lui.

**Condivisione emotiva**

La ruota dei sentimenti organizza 72 sentimenti in una sorta di grafico a torta e li suddivide in questi 6 gruppi: triste, arrabbiato, spaventato, gioioso, potente e pacifico. La ruota può essere utile per identificare i sentimenti e le emozioni specifiche che si provano in un dato momento, in modo da poterli affrontare e risolvere.

Utilizzare una ruota dei sentimenti - Questo suggerimento può essere utile per esprimere le proprie emozioni. Usate la ruota per identificare pensieri e sentimenti. Farlo insieme potrebbe aggiungere molta comprensione alla relazione.

Esercizi di vulnerabilità - Eseguite esercizi che attingono alla vulnerabilità, come la condivisione di paure o di qualsiasi cosa che riguardi il passato, come un sogno d'infanzia.

### Tempo di qualità insieme

Programmate serate di coppia: Mettete da parte un po' di tempo per divertirvi e creare un legame al di fuori delle responsabilità quotidiane. Condividete qualcosa di nuovo per generare entusiasmo.

**Disintossicazione digitale:** Ogni settimana riservate del tempo per staccare la spina dai dispositivi e trascorrere del tempo concentrato insieme senza distrazioni. Una passeggiata nel parco, una cena in un ristorante tranquillo.

### Affetto fisico

**Semplici rituali di contatto:** Tenetevi per mano quando camminate o vi sedete insieme. Abbracciatevi velocemente quando uno dei due torna a casa o esce di casa. Coccolarsi o semplicemente sedersi accanto e toccarsi. Fatelo in modi che rafforzino il legame.

**Scambio di massaggi:** Dedicate del tempo all'altro per fare dei massaggi, enfatizzando il relax e l'intimità.

### Edificio della visione

Pianificazione del futuro: Parlare e pianificare il futuro. Solo voi e il vostro partner (può trattarsi di progetti di viaggio, obiettivi finanziari, obiettivi familiari) Una visione condivisa aiuta a unire e a connettersi.

**Atti di gentilezza a sorpresa**

Sorprendete il vostro partner - Lasciate un piccolo biglietto, preparate il vostro piatto preferito, lavate i piatti o il bucato - un piccolo segno che vi dica che vi sto pensando sarà molto utile.

L'integrazione di queste strategie nella vita di tutti i giorni può contribuire ad approfondire l'intimità emotiva di coppia e a favorire una relazione più nutriente. Rivedere regolarmente queste pratiche e adattarle alla vostra relazione in evoluzione può portare a una connessione duratura e a una crescita dell'intimità emotiva.

# Capitolo 4
# Autostima Essenziale per un Relazione sana

**Nutrire non solo l'autostima del partner, ma anche la propria, come coppia.**

Il valore reciproco di sé è un percorso per la salute di una relazione. La partnership funziona quando entrambi i partner conoscono il proprio valore e apportano fiducia, equilibrio e maturità emotiva alla relazione. Questa base offre alle coppie la possibilità di parlare, condividere ciò di cui hanno bisogno e sostenersi a vicenda senza esprimere giudizi o risentimenti.

Riconoscere e coltivare l'autostima personale favorisce la crescita personale, che può portare a benefici significativi per la relazione. Ecco alcuni modi in cui l'autostima e la crescita personale hanno un impatto sulla coppia:

**Miglioramento della comunicazione:** In presenza di un alto livello di autostima, le persone sono più inclini a comunicare in modo aperto ed efficace. Questo dialogo aperto aiuta a risolvere i conflitti più velocemente e a costruire l'intimità emotiva.

**L'importanza del rispetto:** Quando si rispetta se stessi, è più facile rispettare il proprio partner e che il partner rispetti se stesso. Quando ciascuno riconosce il proprio valore, è in grado di rispettare e apprezzare meglio l'individualità del partner, favorendo una relazione sana ed equilibrata.

**Superare le avversità:** L'autostima dà alle persone la capacità di affrontare le sfide che si presentano grazie a una mentalità migliore. Quando le cose si fanno difficili, i partner con un alto senso di autostima possono affrontare qualsiasi cosa si presenti loro come un'unità, invece che in uno stato di panico. In questo modo è molto più facile risolvere i problemi.

**Maggiore empatia:** Quando gli individui crescono e imparano a conoscere meglio se stessi, spesso sviluppano una comprensione più profonda delle esperienze altrui. Questo senso di empatia approfondisce il legame emotivo tra i partner e aiuta a superare le fasi difficili della vita.

**Sostenere gli interessi al di fuori della relazione:** Un'alta autostima può fungere da stimolo per perseguire interessi e passioni al di fuori della relazione. Questo aiuta non solo a migliorare la propria vita, ma anche a portare qualcosa di nuovo in tavola. Contribuendo a mantenere la relazione fresca e interessante.

**Creare un'atmosfera di crescita:** Se entrambi i partner si impegnano a sviluppare il proprio senso di autostima e il proprio sviluppo, si crea un terreno fertile per la crescita dell'altro. Diventa una partnership in cui entrambi gli individui possono prosperare. Questa energia può rafforzare la relazione, poiché entrambe le parti si sentono apprezzate e ispirate a fare bene.

**Pratiche di auto-riflessione e auto-compassione**

**Diario quotidiano della gratitudine**

**Idea:** Scrivete ogni giorno tre cose di voi stessi per cui siete grati. Può trattarsi di ciò che sapete fare meglio, di ciò che avete raggiunto o di qualsiasi caratteristica che vi piace di voi stessi.

**Scopo:** questa attività vi incoraggia a riconoscere il vostro contributo e a passare dalla ricerca di conferme esterne alla valorizzazione di voi stessi.

**Pausa di autocompassione**

Quando sentite un senso di inadeguatezza e cercate conferme, fermatevi e fate una pausa di autocompassione. Riconoscete le vostre emozioni, dite a voi stessi che è normale sentirsi così e poi dite a voi stessi cosa direste a un amico che si sente così.

**Perché questa pratica funziona:** Aiuta a fornire più amore e compassione a voi, invece di giudicarvi. Dopotutto, quando commettete degli errori ricordate che... non sapete cosa non sapete.

**Esercizio di chiarimento dei valori**

Prima di tutto scrivete i vostri valori fondamentali, poi ordinateli in ordine di importanza.

Poi chiedetevi come questi valori formano la vostra identità e quali decisioni prendereste con o senza il vostro partner con questa mentalità.

Scopo: chiarendo i valori personali, gli individui possono rafforzare il loro senso di sé e ridurre la dipendenza dal partner per la convalida.

**Creazione di affermazioni**

Scrivete affermazioni positive come "Sono unico, con i miei talenti e i miei difetti", "Merito di essere trattato bene". "Sono unico". Ripetete queste affermazioni a voi stessi ogni giorno. Oppure acquistate un audiolibro di affermazioni e ascoltatele ogni volta che potete.

Intenzione: Le affermazioni positive possono deviare il discorso negativo su di sé e quindi contribuire a creare un'immagine di sé più forte.

### Scrittura di lettere riflessive

Scrivete una lettera a voi stessi come se steste scrivendo a un caro amico. Esprimete amore, sostegno e comprensione, affrontando eventuali sentimenti di inadeguatezza o dipendenza.

Obiettivo: questo esercizio incoraggia l'accettazione di sé e la compassione, consentendo di riformulare con grazia i pensieri negativi.

### Meditazione Mindfulness

Impegnarsi nella meditazione mindfulness per 5-10 minuti al giorno, concentrandosi sulla consapevolezza del respiro e sull'osservazione dei pensieri senza critiche.

Perché: la mindfulness aumenta la consapevolezza e dà la capacità di riconoscere e separarsi dal desiderio di convalida da parte di una fonte esterna.

### Inventario di autoconvalida

Fate un elenco dei vostri risultati, delle caratteristiche e degli attributi che apprezzate di voi stessi al di fuori di ciò che dicono gli altri. Rivedete questo elenco regolarmente.

Perché: questo è un ottimo esercizio per ricordarvi che avete un valore in voi stessi.

**Riflessione sull'impostazione dei confini**

Dettagli - Identificate gli aspetti della vostra relazione in cui siete troppo dipendenti dal vostro partner. Annotate i limiti esatti che potete creare per promuovere l'indipendenza.

Scopo - Avere dei confini sani aiuta a favorire una minore dipendenza e una maggiore autosufficienza.

**Ascoltare se stessi con compassione**

In questo esercizio trovate il tempo di ascoltare i vostri sentimenti e bisogni come se steste ascoltando un amico. Di cosa avete bisogno per sostenervi e convalidarvi?

Scopo - Questa pratica è pensata per aiutarvi a scoprire di più su voi stessi e a sentire e comprendere le vostre vere emozioni.

**Creare una Vision Board personale**

Che cos'è: Prendete foto, citazioni e altri promemoria di cose che si riferiscono alla vostra immagine di successo, realizzazione, autodefinizione, ecc. Mettetele in un posto dove possiate vederle quotidianamente.

Perché: una vision board aiuta a focalizzarsi. È un ottimo modo per ricordare a se stessi ciò che si vuole dalla vita e per rafforzare l'indipendenza dalla convalida del partner.

Questi esercizi possono aiutare gli individui a coltivare un senso di autocompassione e di auto-riflessione, dando la forza di trovare la convalida dall'interno, piuttosto che affidarsi esclusivamente al partner. Promuovendo l'autoconsapevolezza e rafforzando i valori personali, gli individui possono rafforzare la loro resilienza emotiva (autostima), diventare meno bisognosi e migliorare le loro relazioni.

# Capitolo 5
# Gestione dei conflitti in modo sano

## Come le coppie possono affrontare i conflitti in modo sano

Risolvere i conflitti in modo costruttivo, una approccio approfondito alla risoluzione costruttiva dei conflitti.

### Ascolto attivo:

Ascoltate senza formulare risposte mentre il vostro interlocutore parla. Indicare che si è impegnati (compresi i segnali verbali e non verbali [annuire, contatto visivo]).

Ripetete quello che vi hanno detto con parole vostre, che confermano la comprensione e convalidano le emozioni.

### Mantenere la calma:

Siate calmi quando affrontate un conflitto. Respirate profondamente o fate una breve pausa se le emozioni sono molto forti.

Siate rispettosi e non gridate...
In questo modo la difensiva sarà ridotta al minimo. Cercate di esprimere i vostri sentimenti, senza dare l'impressione che stiate incolpando il vostro partner.

### Identificare il problema:

Identificate il vero problema. Non sollevate altre questioni e siate precisi sulla causa del conflitto. Riconoscete ciò che entrambi state affrontando, in modo da mantenere la conversazione sul binario giusto.

### Risoluzione collaborativa dei problemi (CPS):

Collaborare per risolvere i problemi invece di competere per la risposta "corretta". Questo significa considerare le opzioni ed essere flessibili. Decidete insieme i pro e i contro delle soluzioni.

### Stabilire dei limiti:

Stabilite delle regole di base su ciò che può essere discusso e quando, compreso il divieto di insultare e di rivangare le lamentele del passato.

Decidete quanto tempo avete intenzione di parlare di questo argomento e quando tornerete a parlarne, se necessario.

### Riconoscere gli schemi dannosi

Alcuni comportamenti possono essere tossici per una comunicazione sana e per i conflitti. Il primo passo per affrontarli è riconoscere questi modelli.

**Ostruzionismo:**

È allora che uno dei due partner crolla, si spegne o si disimpegna dalla conversazione.

Per esempio, fornire risposte di una sola parola, ignorare il contatto visivo, uscire dalla stanza, sono tutti segnali.

Per questo motivo, si vuole lavorare su questa sfida facendo in modo che entrambi i partner si sentano sicuri nell'esprimersi.

**Critica:**

La critica è quando si attacca il carattere del partner invece di affrontare il comportamento che sta causando il problema.

Non ascolti mai, incasini sempre le cose, ecc...

Combattete questa situazione parlando dalla vostra esperienza personale, piuttosto che in modo ampio e accusatorio.

**Difensivismo:**

Quando un partner si sente attaccato, spesso risponde con contro-reclami o giustificazioni: questo porta a un dialogo disfunzionale.

Prestate quindi attenzione a ciò che accade quando la conversazione si sposta da una discussione su un problema a un esercizio di puntamento del dito; fate attenzione alla difensiva. In alternativa, esercitatevi ad accettare la responsabilità (anche se solo in parte) per il ruolo che avete svolto nel conflitto.

**Disprezzo:**

Che consiste in osservazioni o azioni sprezzanti, di solito accompagnate da sarcasmo, scherno o gesti.

Il disprezzo è sgradevole e può portare al collasso delle relazioni. Non esprimete alcun tipo di disprezzo, ma sforzatevi di parlare civilmente, anche quando non c'è accordo.

Una coppia può gestire efficacemente i conflitti utilizzando tecniche costruttive di risoluzione dei conflitti ed essendo consapevole dei modelli tossici. Costruire una solida base di fiducia, rispetto e comunicazione aperta è essenziale per mantenere una relazione sana, che alla fine porta a una comprensione e a un legame più profondi.

**Strategie di risoluzione dei conflitti per gestire i disaccordi senza far venir meno la fiducia o il rispetto.**

Quando si litiga, come inevitabilmente accade, la risoluzione dei conflitti è necessaria non solo per la salute della relazione, ma anche per il benessere dei due individui coinvolti. Ecco alcune strategie che aiutano le coppie a superare i litigi mantenendo la fiducia e il rispetto:

Ascolto cooperativo - ogni partner deve ascoltare attivamente nelle discussioni. Ciò richiede un ascolto attivo, la convalida delle emozioni dell'interlocutore e la parafrasi di ciò che ha detto per dimostrare di aver capito. Inoltre, dimostra un apprezzamento per il punto di vista dell'altro.

**Non farne una questione personale:**

Per evitare di lasciarsi trasportare, chi è stato offeso dovrebbe avere la cortesia di rimanere concentrato sul problema e non attaccare l'altra parte. Questo può contribuire a ridurre il risentimento, consentendo di risolvere i problemi in modo più chiaro.

**Empatia e convalida:**

Cercate di convalidare l'altro quando si tratta di sentimenti. In questo modo, entrambi i partner si sentono convalidati e possono accettare meglio l'altro anche se hanno opinioni diverse.

**Condividere la Sandbox:**

Piuttosto che fare a gara per vincere la discussione, trattate la situazione come se foste entrambi nella stessa squadra. Lavorate insieme per trovare soluzioni e siate disposti a scendere a compromessi che soddisfino le esigenze di entrambi i partner.

**Lasciare andare e perdonare:**

Una volta risolto il conflitto, sforzatevi di perdonare e di lasciar perdere. Lasciar andare: mantenere i vecchi rancori può distruggere la fiducia e il rispetto. Rimanete concentrati sul presente e sul futuro.

**Cercate un aiuto professionale:**

Se il conflitto è molto forte o se è particolarmente pericoloso, rivolgetevi a un terapeuta o a un consulente di coppia. Questi possono fornirvi gli strumenti e le tecniche più adatti alle vostre dinamiche relazionali.

Se praticate bene, queste tecniche possono aiutarvi a risolvere le divergenze, a rafforzare il vostro rapporto e a continuare ad avere fiducia e rispetto reciproco.

# Capitolo 6
# Riaccendere Romanticismo
e divertimento

Riportare il divertimento e l'eccitazione per riaccendere la scintilla e il fuoco

Ecco alcune idee per reintrodurre il divertimento, la giocosità e la spontaneità nella vita di coppia:

**Uscite a sorpresa:** Organizzate a turno appuntamenti a sorpresa per l'altro, mantenendo il mistero su dove andrete e cosa farete fino all'ultimo minuto. Questo può generare eccitazione e permettere di creare nuovi ricordi insieme.

**Competizione spensierata:** Fate qualche sfida giocosa o qualche gioco che fate insieme, come cucinare una cena solo con un certo ingrediente, o una battaglia di ballo in salotto o una partita a Monopoli.

**Sorprese casuali:** Lasciate piccoli messaggi o regali per l'altro in luoghi che non vi aspettate di trovare, nella borsa del pranzo, sul sedile dell'auto, per rallegrare la loro giornata.

**Giorni di avventura:** Trascorrete una giornata esplorando una nuova area o facendo insieme qualcosa che esula dalla vostra zona di comfort, come un'escursione su un nuovo sentiero, una visita a un museo vicino o un workshop.

**Serate della nostalgia:** Rivivete i vostri appuntamenti preferiti o le cose che avete fatto insieme quando vi siete conosciuti. Magari guardando un vecchio film o preparando una ricetta del vostro primo appuntamento.

**Fughe rapide:** Date una scossa al normale svolgimento della vita quotidiana. Se potete, organizzate un viaggio di un breve fine settimana in un ambiente locale, fate la valigia e partite!

**Cose creative da fare:** Realizzate insieme un progetto divertente, ad esempio dipingere una stanza, piantare un giardino o costruire qualcosa che piaccia a entrambi. Questo aiuta lo spirito di squadra e la creatività.

**Cene a tema:** Preparate cene a tema in cui preparate piatti di culture o periodi diversi e vestitevi di conseguenza.

**Raccogliete i complimenti:** Create un barattolo con i complimenti o i ricordi positivi dell'altro. Ogni settimana estraetene uno dal barattolo e condividetelo.

**Comunicazione flirtante:** Soprannomi giocosi, messaggi flirtanti durante la giornata e messaggi dolci o romantici sono elementi divertenti da inserire per mantenere le cose giocose.

Incorporare questi elementi può aiutare a ravvivare la scintilla in una relazione, rendendola più gioiosa e appagante!

**Qualche idea in più**

Le serate, i piccoli gesti romantici e le attività divertenti che aiutano le coppie a innamorarsi di nuovo rientrano in questa categoria, quindi ecco alcune idee che potete condividere:

Andate al cinema insieme. Vedete l'ultimo blockbuster o thriller. Vi darà qualcosa di cui parlare dopo.

Partecipate a un corso di cucina insieme e imparate insieme nuove abilità culinarie per gustare i frutti del vostro lavoro.

Fate giochi da tavolo o videogiochi che piacciono a entrambi. Siate creativi con i premi per il vincitore.

Playlist collaborativa: Create una playlist di canzoni che rappresentano la vostra relazione e ascoltatela insieme.

Dolci casuali: Prendete uno snack o un dessert preferito quando fate la spesa o una commissione. Solo perché.

**Attività ludiche**

**Casa e artigianato:** Trovate un progetto di miglioramento della casa o un prodotto di artigianato che volete realizzare insieme.

**Partecipare agli eventi locali:** Cercate i concerti, le fiere o i mercati contadini nelle vicinanze e vivete insieme l'avventura.

**Serata trivia:** Trovate una serata trivia in un bar o ristorante vicino e sfidate le altre coppie in squadra.

**Il club del libro per due:** scegliete un libro che leggerete entrambi e fate una conversazione (punti bonus se prendete un caffè o una cena a casa, come già detto).

**Turista nella tua città:** Fate la guida turistica nella vostra città. Visitate un museo, un giardino botanico o un sito storico che non avete mai visitato.

**Condividere le proprie idee**

**Blog o social media:** Scrivete un post sul blog o condividete sui social media le vostre idee per la serata.

**Laboratori per coppie:** Cercate di ospitare o partecipare a seminari per migliorare le relazioni sentimentali.

**Contenuti creativi:** Realizzate video o podcast che elaborino queste idee, includendo testimonianze o interviste di coppia.

**Diario del partner:** Tenete un diario insieme per annotare idee, esperienze e riflessioni.

**Andate in un parco a tema**. Godetevi l'emozione delle montagne russe o divertitevi semplicemente passeggiando per il parco o godendovi i resort del parco.

Presentando queste idee in modo coinvolgente e relazionabile, potete ispirarvi a vicenda per dare priorità alla relazione e favorire un legame più profondo.

# Capitolo 7
# Passi verso la guarigione con il perdono
# e
# Rispetto di sé

**Identificare la ferita**

Il primo passo consiste nel permettere a se stessi di sentire il dolore. Prendetevi un momento per sentire il dolore (può essere tristezza, rabbia, tradimento, qualsiasi cosa) causato da un particolare atto o azione. Prendetevi il tempo necessario per farlo, la convalida dei vostri sentimenti fa parte del processo di guarigione!!! Scavate più a fondo e identificate le emozioni più crude; la vostra rabbia è dovuta a un'altra emozione come il sentirsi non apprezzati, non rispettati o addirittura abbandonati?

**Riconoscere l'impatto**

Successivamente, riflettete su come il trasporto di questa lesione ha influito sulla vostra vita. Notate se il vostro umore, la fiducia in voi stessi e persino la vostra salute generale cambiano. Notate qualche schema nel modo in cui vi relazionate con le persone. Forse ora siete più cauti o il dolore che avete provato ha creato delle barriere tra voi e le persone che amate di più. Se siete consapevoli di questi effetti, potete capire perché vale la pena affrontare questo processo.

**Sviluppare l'empatia e la capacità di guardare le cose in prospettiva**

Questo passo non consiste tanto nel perdonare l'altra persona, quanto piuttosto nel lasciare che il dolore abbia un po' meno potere su di voi. Cercate di separare l'intento dell'altra persona da come la sua azione è stata recepita da voi.

A volte le persone si feriscono a vicenda per sbaglio e nel **momento in cui ci rendiamo conto di questa distinzione,** possiamo diventare liberi. Ripensate a momenti della vostra vita in cui potreste aver involontariamente ferito qualcuno - e vedete se questo vi offre un po' di empatia per la vostra esperienza. Tenete presente che praticare l'empatia è un modo per liberarsi dalle catene del risentimento.

**Aspettative di rilascio**

Perdonare qualcuno significa liberarsi, non aspettare che si scusi. Potrebbe essere utile farsi una dichiarazione di liberazione personale a cui fare riferimento nei momenti di difficoltà. Potrebbe essere qualcosa di semplice come: "Lascio andare questo dolore per la mia pace". Ripetere l'operazione tutte le volte che è necessario.

**Sperimentare esercizi per praticare il perdono**

Ora, vediamo alcuni strumenti pratici che vi aiuteranno a liberarvi. Iniziate con un diario, mettete nero su bianco come vi sentite riguardo a ciò che è successo e all'impatto che ha avuto su di voi. Potreste anche aver bisogno di scrivere alla persona che vi ha ferito. **Non siete** obbligati a inviarlo - questo è solo per voi. Scrivete ogni emozione, lasciate che sia un rifugio sicuro per tutti i pensieri che avete.

Può essere utile anche provare una meditazione guidata o una visualizzazione. Pensate al dolore che portate con voi come a un fardello, qualcosa di molto pesante. Immaginate poi di eliminare quel peso e di sentire il vostro corpo alleggerirsi mentre la vostra mente inizia a liberarsi. Questi semplici esercizi possono a volte essere tutto ciò che serve per cambiare il corso del vostro viaggio.

**Creare una nuova narrazione**

Qualunque cosa vi sia accaduta, non siete una vittima, ma una sopravvissuta, e siete più forti per questo. Iniziate a scrivere una nuova storia in cui siete potenti. Diventate una persona che ha imparato, è cresciuta e ha perseverato, piuttosto che una vittima del dolore. Ora state iniziando a elaborare il vostro dolore e a trasformarlo in potere.

**Rilasciare e andare avanti**

Essere una persona che perdona non significa dare a qualcuno il permesso di ferirvi di nuovo. Se la persona che vi ha fatto del male è ancora presente nella vostra vita, pensate a quali limiti dovrete stabilire per sentirvi al sicuro. È un processo, non una meta, e un passo alla volta va benissimo. Le persone possono spingersi solo fino a dove voi le lasciate fare. Potrebbe essere necessario "alzare i propri standard".

**Si può perdonare anche quando l'altra persona non è disposta a cambiare**

Infine, sappiate che il perdono è possibile anche se la persona che vi ha ferito non è cambiata o non vuole cambiare. Questo NON significa che state giustificando ciò che ha fatto; avete solo preso la decisione di essere in pace. Rendetevi conto che potrebbe non cambiare mai, e non preoccupatevi o abbiate paura. Vivete la vostra vita e andate avanti con i valori della vita che sono veri per voi stessi. Ogni tanto questo significa allontanarsi dalla persona che continua a ferirvi. Perdonare significa andare avanti senza cercare scuse per il suo comportamento.

**Riconoscere quando il perdono non è sufficiente**

Il perdono è un regalo che si fa a se stessi, ma non va assolutamente confuso con la debolezza. Se il vostro partner o la persona amata continua a ripetere le stesse azioni dannose e inizia a trattare il vostro perdono come un semaforo verde per continuare senza conseguenze, la vostra relazione potrebbe dover essere rivalutata.

Si può perdonare qualcuno senza essere obbligati a tenerlo nella propria vita. Non tutte le persone sono destinate a far parte della vostra vita e a volte la cosa migliore da fare è allontanarsi o lasciarle andare, mettendo voi stessi al di sopra di tutto. Porre fine a una relazione può essere doloroso, ma allontanarsi dal male ripetuto dimostra forza e impegno verso se stessi.

# Capitolo 8
# Gestire
# l'esterno
# Stress insieme

Le pressioni esterne, come il lavoro, la famiglia e lo stress finanziario, possono mettere a dura prova le relazioni. Le coppie che vogliono avere una relazione forte e duratura dovrebbero fare attenzione ad alcune di queste sfide comuni che possono mettere a dura prova le relazioni.

### Lavoro

**Vincoli di tempo:** Le coppie che lavorano spesso trascorrono molte ore in ufficio, hanno orari impegnativi e viaggiano di tanto in tanto, il che può tenerle lontane per lunghi periodi e far sentire il partner trascurato.

**Stress e burnout:** Lo stress legato al lavoro si trasferisce facilmente alla vita di tutti i giorni e, se un individuo lavora per molte ore, potrebbe essere più irritabile o emotivamente svuotato e non in grado di relazionarsi con il partner.

**Aspirazioni di carriera:** Se uno dei due partner vuole lavorare a tempo pieno o viaggiare per tutto il Paese per concentrarsi sulla propria carriera, mentre l'altro deve crescere i figli, questo potrebbe mettere a dura prova la relazione.

### Famiglia

Trattare con i suoceri può essere impegnativo. Un forte attrito o aspettative diverse possono creare tensioni tra le coppie.

**Stili genitoriali:** Se una coppia ha stili genitoriali diversi, può entrare in conflitto. Questo finirà per causare disaccordo e risentimento reciproco.

**Responsabilità della famiglia allargata:** Invece di nutrirsi a vicenda, i genitori o i fratelli anziani possono mettere a dura prova la relazione, sottraendo tempo ed energie alla coppia.

**Problemi di soldi:**

**Stress finanziario:** Le lotte per il denaro, come i debiti, il bilancio o la perdita del lavoro, possono portare a tensioni e litigi e possono creare barriere di comunicazione.

**Idee diverse sulla spesa:** Quando uno dei due partner ama spendere e l'altro preferisce risparmiare. Questa differenza può portare a discussioni e frustrazioni.

**Obiettivi finanziari**: Le differenze sugli obiettivi finanziari, come dare la priorità al risparmio per la casa o alle spese per le esperienze, possono portare a conflitti.

## Altri fattori esterni

**Vita sociale:** Amici, intrattenimenti con i parenti e altri incontri sociali a volte mettono sotto pressione le coppie, provocando sentimenti di sopraffazione.

**Problemi di salute:** Problemi di salute fisica o mentale possono mettere a dura prova qualsiasi relazione, in quanto uno dei due partner può doversi assumere responsabilità aggiuntive o avere difficoltà a soddisfare i bisogni emotivi dell'altro.

Anche i cambiamenti nella vita di coppia possono causare stress. Un trasloco, un cambiamento di lavoro o l'arrivo di un figlio possono compromettere il delicato equilibrio di una relazione.

## Strategie per affrontare le sfide dello stress esterno

**Comunicazione aperta:** Parlare frequentemente di emozioni, apprensioni e desideri può mantenere entrambi i partner sulla stessa lunghezza d'onda e aiutare a trovare idee simili per risolvere i problemi.

**Tempo di qualità insieme:** Dare priorità alla vostra unione e al tempo trascorso insieme può rafforzare il legame di coppia. Anche piccole dosi di tempo di qualità possono aiutare i partner a riconnettersi.

**Pianificazione finanziaria** - La creazione di un piano finanziario insieme può contribuire a mantenere la coppia sulla stessa lunghezza d'onda e ad allentare le tensioni legate al denaro.

Stabilire dei limiti: Mettete da parte del tempo per la famiglia o ponete dei limiti al lavoro per mantenere l'equilibrio nella vita di coppia.

Chiedere aiuto: Se le pressioni esterne diventano opprimenti, le coppie possono beneficiare di una terapia o di una consulenza per affrontare i problemi più profondi e migliorare le loro capacità di comunicazione.

Riuscendo a riconoscere e ad affrontare i fattori esterni che possono mettere a dura prova una relazione, le coppie possono lavorare insieme per creare un ambiente di sostegno che alimenti il loro legame.

**Come sostenersi a vicenda in situazioni di stress**

**Imparare a riconoscere le cause dello stress**

Come coppia, imparate a identificare i segnali che scatenano lo stress dell'altro. Alcune parole usate, irritabilità, ritiro, ecc. Scoprite cosa lo ha provocato.

Fate marcia indietro sul momento e lasciate che il sangue freddo prevalga in un altro momento. Cercate di affrontare la questione entro uno o due giorni, mentre l'evento e le emozioni sono ancora fresche. Discutete se avete bisogno di più tempo per elaborare o se siete pronti a parlare.

**Creare un ambiente di supporto**

Suggerimenti per le coppie: Ascolto attivo. Una delle cose che le coppie possono fare per evitare malintesi nella loro relazione è imparare ad ascoltare.
Ascoltare pienamente, dare la massima attenzione, annuire e non interrompere.

Convalida: I partner dovrebbero dire cose come: "È logico che tu ti senta così". Fare affermazioni come "Posso capire perché ti senti così". Questo dimostra il rispetto per i sentimenti del partner e può aiutare a convalidare le sue esperienze, facendolo sentire più sicuro nel condividere la verità con voi.

Il tocco fisico (un abbraccio, un tenersi per mano) ha un potere. È un modo semplice ma efficace per mostrare conforto e amore.

**Guardie emotive**

**Stabilire dei limiti personali:** Ciascun partner dovrebbe discutere le proprie esigenze di spazio fisico, tempo ed energia emotiva nei momenti di stress.

**Rispettare il modo in cui questi limiti devono essere rispettati:** È anche importante discutere di questi limiti, perché potrebbero cambiare nel tempo.

**Creare parole sicure:** Considerate una parola o un segnale di sicurezza che uno dei due può usare quando vuole ritirarsi da una conversazione/situazione.

**Comunicazione efficace**

Utilizzare le affermazioni "Io" (esempio: "Mi sento sopraffatto quando...") per appropriarsi dei propri sentimenti senza incolpare l'altro.

**Siate diretti:** andate al punto ed evitate gerghi inutili o un linguaggio complesso. Siate chiari su ciò che desiderate dal vostro partner. (ad esempio, "Vorrei che mi aiutassi a preparare la cena stasera" invece di "Non mi aiuti mai a preparare la cena").

Tempistica corretta - Cercate di avere queste conversazioni quando la situazione è relativamente calma e non in un momento di forte stress.

Incoraggiate il feedback e siate aperti alle critiche costruttive.

**Pratica dell'empatia e del compromesso**

Presa di prospettiva: Gli esercizi "Se fossi in te" fanno sì che le coppie cambino prospettiva, si mettano attivamente nei panni dell'altro e parlino di come ci si sentirebbe ad essere nella stessa posizione.

Strategie di compromesso: Il gioco di sopravvivenza dell'isola di Gottman

Questo gioco simula una situazione di sopravvivenza in cui le coppie devono scegliere quali sono gli oggetti più importanti per loro da un elenco di 20. Ogni partner classifica le proprie scelte e poi lavora insieme per creare un elenco congiunto di 10. Ciascun partner classifica le proprie scelte e poi lavora insieme per creare un elenco comune di 10 oggetti. Questo esercizio aiuta le coppie a stabilire le priorità e a trovare un terreno comune.

**Controlli regolari**

Organizzare colloqui: Organizzate incontri regolari in cui i partner discutano dei fattori di stress, delle esigenze e del grado di sostegno di cui godono.

**Risorse e strumenti**

Libri

### Comunicazione non violenta: Un linguaggio di vita
di Marshall B. Rosenberg

Si concentra sulla comunicazione empatica e sulla risoluzione dei conflitti senza biasimo o critica. È eccellente per chiunque voglia creare dialoghi più compassionevoli e comprensivi nelle relazioni.

### I sette principi per far funzionare il matrimonio
di John Gottman

Questo classico si immerge nei principi sostenuti dalla ricerca che rafforzano le relazioni. Copre ogni aspetto, dalla risoluzione dei conflitti alla costruzione dell'amicizia e dell'intimità con il partner.

**Attaccamento: La nuova scienza dell'attaccamento degli adulti e come può aiutarvi a trovare e mantenere l'amore**
di Amir Levine e Rachel Heller

Esamina l'impatto degli stili di attaccamento sulle relazioni, offrendo consigli pratici per comprendere meglio se stessi e il proprio partner.

**Stringimi forte: Sette conversazioni per una vita d'amore**
di Dr. Sue Johnson

Utilizza una terapia emotivamente focalizzata per guidare le coppie attraverso conversazioni essenziali per rafforzare i loro legami e la loro connessione emotiva.

**Conversazioni cruciali: Strumenti per parlare quando la posta in gioco è alta**
di Kerry Patterson, Joseph Grenny, Ron McMillan e Al Switzler

Questo libro fornisce gli strumenti per affrontare con sicurezza e chiarezza le conversazioni ad alto rischio, utili sia nelle relazioni personali che in quelle professionali.

Potrebbe essere una buona idea che ogni partner scelga un libro da leggere per entrambi.

A volte non è importante quello che si dice, ma chi lo dice. Se entrambi approfittate di leggere gli stessi libri sulle relazioni, allora ogni partner può rendersi conto che i consigli dati probabilmente non sono di parte perché provengono da una fonte imparziale.

Quando le coppie ricevono questi strumenti e queste strategie, acquisiscono le conoscenze necessarie per creare una partnership più forte. Impegnatevi l'un l'altro con una pratica regolare e create uno spazio in cui ogni partner possa sentirsi ascoltato e valorizzato, anche quando è sotto stress.

# Capitolo 9
# Definizione di obiettivi e visione condivisi

Questo è il momento in cui non solo pianificate, ma rafforzate anche le fondamenta dell'accordo, dell'impegno e dell'entusiasmo per il futuro, stabilendo obiettivi e visioni comuni. Questo capitolo vi permette di capire esattamente ciò che ognuno di voi vuole e di allineare i vostri sogni idilliaci separati e i vostri punti di forza per creare un percorso comune da percorrere insieme.

**Perché gli obiettivi condivisi sono importanti**

Considerate la vostra relazione come un viaggio in cui siete entrambi viaggiatori, un viaggio in cui la destinazione finale può essere raggiunta solo insieme. La vostra relazione ha bisogno di una direzione e di uno scopo, e gli obiettivi condivisi aiutano a definire la destinazione. Senza di essi, i partner possono allontanarsi, perseguendo le proprie passioni e i propri sogni senza rendersi conto che stanno andando in direzioni diverse. Tuttavia, quando si condividono gli stessi obiettivi, si avanza costantemente come una squadra, affrontando le sfide della vita con un obiettivo comune.

Avere degli obiettivi insieme vi aiuterà anche ad avvicinarvi. Fissare degli obiettivi di coppia significa che vi sostenete l'un l'altro, in tutto e per tutto. È un modo efficace per dirsi: "Ci tengo a noi e al nostro futuro".

## Come le coppie possono creare la loro visione

Ora, prima di passare ai vostri obiettivi individuali o specifici, iniziate sempre con una visione, un'idea di come vorreste che fosse la vostra vita insieme. Prendetevi del tempo per sognare insieme. Immaginatevi tra 20, 30 o addirittura 50 anni mentre guardate alla vostra vita di coppia. Che tipo di ricordi volete creare? Quali valori volete vedere rispettati? Cose come il modo in cui volete trascorrere le vostre giornate, i viaggi che farete e ciò che farete per gli altri.

Chiedetevi:

Come possiamo immaginare una vita condivisa insieme che amiamo entrambi?

Come coppia, a cosa diamo più valore?

Qual è la nostra visione di crescita, come individui e insieme?

Cosa vogliamo ottenere? Costruire una famiglia? Creare un'eredità? O semplicemente vivere al meglio la nostra vita piena di gioia. Cosa rende la vita significativa per noi?

Parlate di queste domande, ascoltate i sogni degli altri e lasciatevi ispirare. Questa visione sarà la vostra luce guida per gli obiettivi che vi prefiggerete.

**Obiettivi che rafforzano la vostra visione**

Quando avete un'idea chiara, mettete in atto alcuni obiettivi che vi aiuteranno a raggiungerla. Questi sono i passi da compiere per realizzare la vostra visione. Alcuni di questi obiettivi saranno grandi, come l'acquisto di una casa o la creazione di una famiglia. Altri potrebbero essere più piccoli, come una serata settimanale o una vacanza da sogno. L'obiettivo è andare avanti come coppia, quindi cercate di ottenere risultati che incorporino i desideri e le esigenze di entrambi.

**Ecco come definire efficacemente gli obiettivi comuni:**

Rendere gli obiettivi chiari e misurabili

Obiettivi vagamente dichiarati promuovono risultati vaghi. Invece di: Vogliamo risparmiare, provate con: Vogliamo risparmiare 5.000 dollari nel prossimo anno per una vacanza. In questo modo, entrambi saprete a cosa state lavorando e potrete facilmente vedere quanto bene state facendo.

### Assicuratevi che siano raggiungibili

Sebbene sia importante spingere se stessi, non bisogna fissare un obiettivo irraggiungibile. Considerate l'età che avete in questo momento della vita, il capitale e il tempo che avete a disposizione. Non troppo facile, non troppo difficile: gli obiettivi al limite della raggiungibilità rappresentano il punto di forza.

### Allinearsi ai propri valori

Create obiettivi che siano in linea con i valori della visione che avete sviluppato. In alternativa, se il volontariato è un obiettivo comune a voi e al vostro partner, potrebbe risultare più produttivo. Se la salute e il benessere sono importanti per voi, prendete in considerazione l'idea di fissare degli obiettivi di fitness o di benessere da raggiungere insieme.

### Stabilire una linea temporale

Gli obiettivi sono sogni con una scadenza. Le scadenze aiutano a garantire il rispetto dei piani. Stabilite obiettivi a breve (tra un anno) e a lungo termine (tra cinque o dieci anni) per rimanere in carreggiata. Ogni due mesi o almeno una volta all'anno, è divertente (e rassicurante) tornare a questi obiettivi e riallinearli.

### Bilanciare gli obiettivi individuali e condivisi

Sostenere gli obiettivi individuali dell'altro è importante quanto lavorare per quelli comuni. Parlate apertamente dei vostri obiettivi personali e trovate il modo di incoraggiarvi a vicenda. Questo può aiutare a evitare la sensazione di competizione e a creare invece un senso di collaborazione e di orgoglio per i successi dell'altro.

### Gestire le differenze di obiettivi

Ci saranno momenti in cui i vostri obiettivi individuali non saranno del tutto allineati. Non c'è problema. Il trucco consiste nel gestire queste differenze con empatia e uno spirito libero pronto al compromesso. Discutere il perché - capire le motivazioni può rendere più facile trovare un terreno comune e sostenersi a vicenda se si riesce ad articolare la visione che sta dietro ai vostri obiettivi.

Esprimete la vostra passione per un obiettivo e ascoltate quando il vostro partner lo fa con curiosità e riguardo. Fare sacrifici per l'altro fa sicuramente parte delle relazioni. Tuttavia, devono essere equilibrati e reciproci.

**Festeggiare insieme le pietre miliari**

Onorate le piccole vittorie insieme. Raggiungere una meta può essere esaltante, ma è il percorso che crea legame e intimità. Festeggiate insieme le pietre miliari: può trattarsi di un piccolo regalo, di una serata fuori o semplicemente di un momento in cui ognuno di voi si prende del tempo per pensare a qualcosa che avete raggiunto insieme. I festeggiamenti mantengono alta la motivazione e rendono l'intero processo gratificante. Fate un piccolo investimento in felicità.

**Rivedere e modificare gli obiettivi**

Nella vita le cose e le situazioni cambiano, quindi preparatevi a modificare i vostri obiettivi. Dovrete adattarvi alle nuove opportunità e sfide che si presenteranno. Continuate a visitare e rivedere i vostri obiettivi. Alcuni potrebbero non essere più rilevanti, altri potrebbero essere più in linea con la vostra visione rispetto a prima. Lasciate spazio e siate flessibili, sapendo che la vostra relazione è un'entità che respira e si evolve.

**Andare avanti insieme**

Una delle cose più potenti che potete fare in coppia è fissare obiettivi comuni. Non si tratta solo di raggiungere un obiettivo. Il tempo trascorso insieme aiuta a nutrire la relazione e a farla prosperare grazie al sostegno, all'incoraggiamento e al rispetto reciproci.

# Capitolo 10
# Come mantenere i progressi e crescere insieme

Le relazioni sono dinamiche e richiedono uno sforzo continuo. Ecco alcune idee che vi aiuteranno a far crescere la vostra relazione.

### Lavorate insieme a una tavola di visione delle relazioni

Trasformate gli obiettivi e i sogni delle relazioni in un progetto divertente. Ritagliate immagini, frasi e parole da riviste che vi ispirano, oppure fatelo direttamente sul computer creando una tavola di visione collaborativa. Argomenti come luoghi da visitare, hobby comuni o pietre miliari della vita. Gli obiettivi possono cambiare, quindi rivedetelo di tanto in tanto per verificare come state procedendo e magari perfezionarlo.

### Controlli mensili sulle relazioni

Dedicate qualche minuto al mese per parlare della vostra relazione. Può essere un momento informale e privo di pressioni per discutere di ciò che va bene, di ciò che è in difficoltà e di come ciascuno di noi può migliorare. Questi incontri dovrebbero essere casuali, perché dimostrano a entrambi i partner che la comunicazione aperta può e deve essere una parte regolare di una relazione sana.

**Ritiro trimestrale per coppie**

Ogni tanto programmate un "mini-ritiro" a casa o un viaggio di fine settimana per ricongiungervi. Potreste dedicare questo tempo a sperimentare insieme: fare qualcosa di meditativo, creare qualcosa di bello, fare i turisti in una nuova città. Questo approccio rafforza il fatto che la crescita e l'esplorazione sono un'impresa collaborativa.

**Costruire una capsula del tempo per le relazioni da aprire tra 5, 10, 15 anni**

Scrivete lettere, scattate foto o conservate oggetti che rappresentino la relazione attuale e la vostra visione del futuro. Dopo un po' di tempo, un anno o cinque anni, apritelo e pensate a come siete cresciuti come persone e come partner, ma osservate anche se vi siete allontanati e come vi sentite. Questo è un buon promemoria per entrambi i partner: le relazioni, come le persone, cambiano nel tempo.

**Stabilite delle "sfide di crescita" reciproche**

Lavorate insieme per stabilire una sfida di crescita personale trimestrale che vada indirettamente a beneficio della relazione. Esempio: diventare più pazienti, migliorare la comunicazione, lavorare di più sulla comprensione del punto di vista altrui.
Rendetevi conto l'uno dell'altro, ma festeggiate la crescita insieme come coppia. Questo vi aiuterà a diventare entrambi, non perfetti, ma solo una versione migliore di voi stessi.

**Entrambi scrivete Relationship Growth Journal.**

Scrivete un articolo mensile sulla vostra relazione e conservatelo in un diario condiviso. Prendete nota dei vostri ricordi preferiti, delle difficoltà che avete superato e di ciò che avete imparato l'uno dell'altro. Questo diario vi permetterà di ricordare le cose che vi hanno unito e quelle che potrebbero farvi crescere.

**Provate ogni mese un nuovo oggetto della vostra lista di cose da fare**

Compilate un piccolo elenco di cose divertenti o avventurose che entrambi volete provare. Provate una cosa diversa ogni mese.

Può trattarsi di qualsiasi cosa, da un corso di cucina a un nuovo sport. La novità mantiene vivo l'interesse per la relazione... ricorda a ciascuno di voi quello che avete provato all'inizio della relazione e si aggiunge alla lista crescente di momenti che ciascuno di voi può guardare con gioia.

**Stabilire dei rituali per ringraziare e riflettere**

Ogni giorno o ogni settimana, mettete da parte un po' di tempo per inviare un messaggio di gratitudine all'altro. Raccontate al vostro partner le cose belle che ha fatto quella settimana. Soprattutto, esprimere gratitudine regolarmente vi ricorda che siete entrambi in questa situazione e che può essere una benedizione essere una coppia.

## Aumentare l'intimità

### Giochi di ruolo e fantasy

Discutete di qualsiasi fantasia ed esplorate qualsiasi scenario che entrambi i partner vorrebbero esplorare per rendere le cose un po' più piccanti. Un'altra cosa positiva dell'immaginazione è che voi e il vostro coniuge non siete più le stesse persone; è una brezza di aria fresca ed eccitante.

### Modificare l'impostazione

Quando si tratta di una serata indimenticabile, è sempre bello sperimentare vari ambienti, tra cui un'altra stanza o magari una piccola vacanza romantica. Una nuova ambientazione può far sembrare le cose nuove e spontanee, e il fatto di prendere tutto in mano fa sentire più presenti e concentrati.

### Provate un massaggio

La canzone **Turn off the Lights di** Teddy Pendergrass presenta una sessione di olio bollente e, nella sua interezza, è una masterclass nell'arte di fare l'amore romantico.

Fate un massaggio con oli o lozioni profumate. Concentratevi sulla connessione attraverso un'interazione fisica rilassante e ravvicinata. Può creare fiducia e vicinanza e fungere da ottimo apripista per una notte più intima.

### Giorno sì per l'intimità

Sforzarsi per un giorno di dire "sì" alle proposte dell'altro senza uscire troppo dal proprio livello di comfort. È un'occasione fantastica per scoprire se avete una nuova preferenza e creare un ricordo meraviglioso!

**Danza**

Frequentate un corso di ballo insieme. Imparate la salsa o il tango. O semplicemente divertirsi in un locale di lusso. Il ballo offre alle coppie un modo per connettersi a un livello più profondo. L'intimità fisica dello stringersi l'un l'altro, i movimenti sincronizzati e l'esperienza condivisa di creare musica insieme possono favorire un senso di unità e comprensione. Può anche essere un motivo per vestirsi bene e sentirsi un milione di dollari!!!

**Vedere un film romantico**

Gustate i popcorn a letto, mentre guardate i classici romantici che ispirano la passione e lo stare insieme. Casablanca, Titanic, Le pagine della nostra vita, Dear John, La La Land, When Harry met Sally, Serendipity, Vi presento Joe Black, Love and Basketball, Southside with You, il live action Disney Cenerentola (2015), solo per citarne alcuni.

**Riprodurre una playlist di musica romantica**

Non c'è niente di meglio della musica per mettervi di buon umore. "You and I" di John Legend è una canzone perfetta per una serata romantica o "Stay with you", una canzone che parla di un impegno senza fine nella relazione. Su YouTube si possono trovare playlist per qualsiasi tipo di musica romantica che vi piace. Oppure acquistate un CD di greatest hits dei vostri artisti preferiti.

Queste sono solo alcune idee, ma non le uniche.
Prendetevi il tempo necessario per vedere quali
altre idee potete proporre voi e il vostro partner.
Per mantenere la vostra relazione eccitante e
per crescere insieme.

# Conclusione

Ben fatto! Avete intrapreso il cammino per far crescere e rafforzare la vostra relazione. In questo libro vi sono stati illustrati gli aspetti fondamentali di una buona relazione: comunicazione, intimità emotiva, perdono, autostima e altro ancora. Completando questi capitoli, ora avete gli strumenti per nutrire la vostra relazione e il vostro benessere individuale.

Nulla che valga la pena di avere è facile... le relazioni richiedono un lavoro costante. E a volte anche divertimento ed eccitazione.

Questo libro è stato un punto di partenza, ma la vera sfida sta nelle decisioni quotidiane che voi e il vostro partner prendete per creare il vostro futuro. Decidere di ascoltare, di perdonare, di scegliere la gioia di stare insieme: questo può essere il vostro cammino. Quando vi impegnate l'uno con l'altro e affrontate le sfide che vi si presentano come coppia.

Tenete presente che una relazione è un viaggio. Non c'è una destinazione perfetta, né una tappa finale dopo la quale avete finito. Ogni fase della vita offrirà le proprie avventure, gioie e sfide, ma ora avete gli strumenti per gestirle con grazia, rispetto e amore.

Fissate delle date di check-in (messa a punto della relazione) con il vostro partner, in modo da poter vedere i progressi fatti e reimpostare i vostri obiettivi insieme, se necessario, per ristabilire le priorità e mantenere aperte le linee di comunicazione.

Questi piccoli momenti di connessione possono fare una profonda differenza nel tempo. "Pollice dopo pollice la vita è un gioco da ragazzi".

Desidero ringraziarvi per aver acquistato questo libro. Che queste lezioni possano essere una risorsa a cui fare riferimento ogni volta che ne avrete bisogno e che l'amore, la gioia e il potenziale che voi e il vostro partner avete insieme non vengano mai dimenticati. Con la ricettività, il rispetto e l'avventura, siete pronti a costruire una relazione sana che durerà quando entrambi continuerete a prosperare, a creare gioia e ad appoggiarvi l'uno all'altro.

Che possiate avere amore e felicità nel rendere il resto della vostra vita, il migliore della vostra vita.

# Risorse: Citazioni d'ispirazione per l'autostima, la comunicazione e divertirsi

Questa sezione è piena di saggezza senza tempo per ispirarvi a coltivare l'autostima, approfondire la comunicazione e riscoprire la gioia di divertirsi insieme. Da filosofi antichi a voci moderne, queste citazioni servono a ricordare i principi che mantengono una relazione sana e vibrante.

## Sull'autostima

"Amare se stessi è l'inizio di una storia d'amore che dura tutta la vita". - Oscar Wilde

"Quanto sono più gravi le conseguenze dell'ira che le sue cause". - Marco Aurelio

"Tu stesso, come chiunque altro nell'intero universo, meriti il tuo amore e il tuo affetto". - Buddha

"La relazione più potente che possiate mai avere è quella con voi stessi". - Steve Maraboli

"Non perdete tempo a discutere su come dovrebbe essere una brava persona. Siate tali". - Marco Aurelio

"La cura di sé non è un lusso, è essenziale". - Audre Lorde

"Nessuno può farti sentire inferiore senza il tuo consenso". - Eleanor Roosevelt

"Fino a quando non apprezzerai te stesso, non darai valore al tuo tempo. Finché non darete valore al vostro tempo, non farete nulla con esso". - M. Scott Peck

## Sulla comunicazione

"La maggior parte delle persone non ascolta con l'intento di capire; ascolta con l'intento di rispondere". - Stephen R. Covey

"Abbiamo due orecchie e una bocca per poter ascoltare il doppio di quanto parliamo". - Epitteto

"Il più grande problema della comunicazione è l'illusione che essa abbia avuto luogo". - George Bernard Shaw

"Le parole non sono che immagini dei nostri pensieri". - John Dryden

"Non è importante quello che dici, ma il modo in cui lo dici; lì sta il segreto dei secoli". - William Carlos Williams

"Una buona comunicazione è stimolante come il caffè nero, e altrettanto difficile è dormire dopo". - Anne Morrow Lindbergh

"I saggi parlano perché hanno qualcosa da dire; gli sciocchi perché devono dire qualcosa". - Platone

"Il silenzio è una delle grandi arti della conversazione". - Marco Tullio Cicerone

## Divertirsi e godersi la vita insieme

"La vita deve essere vissuta come un gioco". - Platone

"Non prendete la vita troppo sul serio. Non ne uscirete mai vivi". - Elbert Hubbard

"Il più sprecato di tutti i giorni è quello senza risate". - E. E. Cummings

"Se vuoi la felicità per un'ora, fai un pisolino. Se vuoi la felicità per un giorno, vai a pescare. Se vuoi la felicità per un anno, eredita una fortuna. Se vuoi la felicità per tutta la vita, aiuta qualcun altro". - Proverbio cinese

"L'arte di vivere è più simile alla lotta che alla danza". - Marco Aurelio

"Non è importante quanto si è vecchi, ma come si è vecchi". - Jules Renard

"È un talento felice saper suonare". - Ralph Waldo Emerson

"In ogni lavoro che deve essere fatto, c'è un elemento di divertimento. Trovi il divertimento e - schiocco! - il lavoro diventa un gioco!". - Mary Poppins (P.L. Travers)

"Un giorno senza risate è un giorno sprecato". - Charlie Chaplin

"Leggiamo e balliamo; questi due divertimenti non faranno mai male al mondo". - Voltaire

Queste citazioni offrono prospettive senza tempo che possono aiutarvi a rimanere con i piedi per terra, a parlare con il cuore e a ricordare di ridere insieme lungo il cammino.

Ci ricordano che una relazione appagante è quella che valorizza ogni persona, incoraggia un dialogo aperto e onesto e trova gioia nei momenti più semplici della vita. Tornate a queste parole ogni volta che avete bisogno di un po' di saggezza, di conforto o di ispirazione nel vostro cammino insieme.

# Glossario dei termini
## Relazione di coppia

### Ascolto attivo

Un modo di ascoltare che consiste nell'essere pienamente presenti con il proprio partner. Non si ascoltano solo parole, ma si comprende e si dimostra che si ha a cuore la situazione.

### Gesti affettuosi

Quelle piccole cose, come tenersi per mano, abbracciarsi o dare un bacio sulla guancia, che mantengono vivo l'amore giorno per giorno.

### Affermazioni

Parole positive e di sostegno che diciamo all'altro o a noi stessi, ricordando a noi stessi e al nostro partner le cose che amiamo e apprezziamo di lui.

### Rituali di apprezzamento

Semplici atti quotidiani o settimanali che dimostrino gratitudine, come dire "grazie" o riconoscere un'azione premurosa del partner.

### Riparazione degli attacchi

Quando c'è stata una battuta d'arresto nella fiducia, la riparazione dell'attaccamento è il modo in cui le coppie lavorano per ricostruire quel senso di sicurezza e protezione.

### Stile di attacco

Il modo in cui ci relazioniamo naturalmente con gli altri, basato sulle nostre prime relazioni. Può essere sicuro, ansioso, evitante o un mix di stili.

### Confini

Limiti personali che stabiliamo per mantenere noi stessi e la nostra relazione in salute: in sostanza, sapere cosa va bene e cosa no.

### Codipendenza

Una dinamica in cui una persona può fare molto affidamento sull'altra per il sostegno emotivo, a volte a costo delle proprie esigenze o della propria indipendenza.

### Risoluzione collaborativa dei problemi

Affrontare i problemi come una squadra! Lavorare insieme per trovare soluzioni che soddisfino le esigenze di entrambi i partner.

### Evitare i conflitti

Quando uno o entrambi i partner evitano i disaccordi per mantenere la pace. Questo può impedire che le questioni vengano affrontate a fondo.

### Risoluzione dei conflitti

Il processo di gestione dei disaccordi in modo sano, concentrandosi sulla comprensione reciproca invece di cercare di "vincere".

### Disprezzo

Mostrare mancanza di rispetto o trattare il partner come se fosse inferiore a voi. È un'importante bandiera rossa per una relazione!

### Terapia di coppia

Sessioni guidate con un terapeuta per aiutare le coppie ad affrontare le sfide, migliorare la comunicazione e rafforzare la loro relazione.

### Critica

Mettere in evidenza i difetti del carattere del partner piuttosto che affrontare comportamenti specifici. Di solito è improduttivo e offensivo.

### Comunicazione difensiva

Una reazione in cui uno dei due partner sente il bisogno di proteggersi, spesso incolpando l'altro, il che può aumentare la tensione.

**Disintossicazione digitale**

Prendersi una pausa da telefoni, tablet e computer per riconnettersi e concentrarsi sulla qualità del tempo trascorso insieme.

**Comunicazione efficace**

Esprimere pensieri e sentimenti in modo chiaro, ascoltando anche la parte del partner: è fondamentale per la comprensione reciproca.

**Intimità emotiva**

Una vicinanza in cui entrambi i partner si sentono compresi, accettati e sicuri di condividere il loro vero io.

**Regolazione emotiva**

La capacità di gestire le nostre emozioni in modo da mantenere le cose costruttive, soprattutto durante i disaccordi.

**L'empatia**

Comprendere e sentire ciò che il partner sta vivendo. È un ingrediente fondamentale per la connessione emotiva.

### Combattimento leale

Approccio al conflitto con rispetto, evitando insulti o colpevolizzazioni e concentrandosi sulla ricerca di soluzioni.

### Il perdono

Lasciare andare la rabbia o il risentimento dopo una ferita. Non significa dimenticare, ma decidere di andare avanti.

### Appuntamenti divertenti

Uscite speciali o attività che aggiungano di nuovo il gioco alla vostra relazione, aiutandovi a riconnettervi.

### Illuminazione a gas

Una forma di manipolazione in cui un partner fa dubitare l'altro dei propri pensieri o sentimenti.

### Mentalità di crescita

Credere che, con un po' di impegno, sia voi che la relazione possiate rafforzarvi nel tempo.

### Ricostruzione dell'intimità

Lavorare per ripristinare la vicinanza emotiva o fisica dopo un periodo di distacco.

### I linguaggi dell'amore

I cinque modi principali in cui le persone esprimono l'amore: parole di affermazione, tempo di qualità, ricezione di regali, atti di servizio e contatto fisico.

### Micro-connessioni

Momenti rapidi di connessione durante la giornata, come un messaggio gentile o un sorriso, per dimostrare che state pensando l'uno all'altro.

### Mindfulness

Rimanere presenti e consapevoli di ciò che accade nel momento, che può aiutare le coppie a comprendere meglio le emozioni dell'altro.

### Meditazione Mindfulness

Una pratica per calmare la mente e diventare più in sintonia con noi stessi, aiutando l'autoregolazione e la comunicazione.

**Ascolto a specchio**

Ripetere ciò che l'interlocutore dice, non solo per dimostrare di aver capito, ma anche per aiutarlo a sentirsi ascoltato.

**Comunicazione non verbale**

La parte non detta della comunicazione: il linguaggio del corpo, le espressioni del viso, il tono della voce. Spesso dice più delle parole!

**Finanza personale**

Gestire il denaro in modo da sostenere gli obiettivi e i valori di entrambi i partner, riducendo lo stress finanziario nella relazione.

**Giocosità**

Aggiungere leggerezza, scherzare e non prendere tutto troppo sul serio. Questo mantiene le cose fresche ed eccitanti!

**Proiezione**

Attribuire i propri sentimenti o problemi al partner, il che può creare malintesi se non viene controllato.

### Scrittura di lettere riflessive

Scrivere i propri pensieri e sentimenti in una lettera per fare chiarezza prima di parlare con il partner di questioni delicate.

### Ascolto riflessivo

Ripetere ciò che l'interlocutore ha detto per confermare la comprensione, creare fiducia e chiarezza nelle conversazioni.

### Rituali di riconnessione

Abitudini regolari, come un appuntamento settimanale, aiutano a mantenere il rapporto stretto, anche nei momenti più impegnativi.

### Tentativi di riparazione

Piccoli sforzi per recuperare o allentare la tensione, come una battuta, un sorriso o delle scuse, quando un conflitto è andato fuori strada.

### Risentimento

Sentimenti negativi persistenti dovuti a problemi passati che non sono stati risolti. Possono accumularsi e danneggiare la relazione.

### Disaccordo rispettoso

Quando i partner esprimono opinioni diverse rispettando comunque il punto di vista dell'altro.

### Gesti romantici

Atti premurosi come organizzare una sorpresa o scrivere un biglietto d'amore che riaccendono la passione e dimostrano che ci tenete.

### Parola sicura

Una parola o una frase che uno dei due partner può usare per interrompere la conversazione o fare una pausa durante un momento di tensione.

### Consapevolezza di sé

Comprendere le proprie emozioni, i propri schemi e i propri fattori scatenanti, che aiutano a impegnarsi con il partner in modo più efficace.

### Amore per se stessi

Prendersi del tempo per curare e valorizzare se stessi. Quando ci si sente bene con se stessi, è più facile essere un partner migliore.

### Definizione dei limiti

Conoscere e comunicare i propri limiti personali per proteggersi e mantenere la relazione sana.

### Obiettivi condivisi

Sogni o obiettivi che state realizzando insieme, costruendo un lavoro di squadra e uno scopo condiviso.

### Tecnica dell'oratore-ascoltatore

Un metodo per parlare e ascoltare a turno, che aiuta entrambi i partner a sentirsi veramente ascoltati.

### Spontaneità

Aggiungere momenti o avventure non pianificate per mantenere la relazione divertente e inaspettata.

### Ostruzionismo

Quando uno dei due partner si chiude o si ritira durante un conflitto. Spesso è il segnale di una sensazione di sopraffazione.

### Gestione dello stress

Trovare il modo di gestire lo stress in modo che non si riversi sulla relazione.

### Lavoro di squadra

Sostenersi a vicenda nelle sfide e prendere decisioni insieme. Si tratta di coprirsi le spalle a vicenda.

### Trigger

Situazioni o parole che scatenano una forte reazione emotiva, spesso legata a esperienze passate.

### Fiducia

Credere nell'affidabilità e nell'onestà dell'altro: è la base di ogni relazione sana.

### Bisogni insoddisfatti

Quando non vengono soddisfatte esigenze importanti nella relazione, con conseguente potenziale frustrazione o conflitto.

**Convalida**

Riconoscere e accettare i sentimenti o le esperienze del partner come reali e significativi, anche se non si è pienamente d'accordo.

**Visionare insieme**

Creare un sogno condiviso per il vostro futuro, dai grandi obiettivi ai piccoli piani quotidiani, per mantenervi sulla stessa pagina.

**Vulnerabilità**

Essere aperti e onesti, anche sulle proprie paure o insicurezze, per costruire un legame emotivo più profondo.

**Ritiro**

Allontanarsi, emotivamente o fisicamente, durante un conflitto. Spesso è il segnale di una sensazione di sopraffazione o di distacco.

Questa appendice è stata pensata per rendere i concetti chiave delle relazioni facili da capire e da applicare nel proprio percorso relazionale.

Infine, se questo libro vi è piaciuto, vi preghiamo di condividere i vostri pensieri e di pubblicare una recensione su Amazon. Sarà molto apprezzato!

Molte grazie,

Brian Mahoney

Desideriamo ringraziarvi per aver acquistato questo libro e, soprattutto, per averlo letto fino alla fine. Ci auguriamo che la vostra esperienza di lettura sia stata piacevole e che vogliate informare la vostra famiglia e i vostri amici su (Meta) Facebook, (X) Twitter o altri social media.

Vorremmo continuare a fornirvi libri di alta qualità e, a tal fine, vi dispiacerebbe lasciarci una recensione su Amazon.com?

Utilizzate il link qui sotto, scorrete circa 3/4 della pagina e vedrete immagini simili a quella qui sotto.

Vi siamo estremamente grati per la vostra assistenza.

Cordiali saluti,

**Brian Mahoney**

MahoneyProdotti editoriali

Link al libro:
https://www.amazon.com/dp/B0DMDD4W6L

## Recensioni dei clienti

*4,6 su 5 stelle*  **4,6 su 5**
6 valutazioni globali

| | |
|---|---|
| 5 stelle | <u>64%</u> |
| 4 stelle | 36%- |
| 3 stelle 0% (0%) | 0% |
| 2 stelle 0% (0%) | 0% |
| 1 stella 0% (0%) | |

Recensire questo prodotto
Condividete i vostri pensieri con altri clienti
(Scrivi una recensione)

**Potrebbe piacervi anche:**

https://www.amazon.com/dp/B09419FG8H

www.ingramcontent.com/pod-product-compliance
Lightning Source LLC
LaVergne TN
LVHW012026060526
838201LV00061B/4482